Treinta y Oraciones por mi Esposo

VIENDO A DIOS OBRAR
EN SU CORAZÓN

JENNIFER SMITH

Un Recurso de *Unveiled Wife*

© 2017 por Smith Family Resources, Inc.

ISBN: 0986366781
ISBN 13: 978-0-9863667-8-9
LCCN: 2017909154

Todos los derechos reservados. Ninguna porción de este libro podrá ser reproducida, almacenada en algún sistema de recuperación, o transmitida en cualquier forma o por cualquier medio —mecánicos, fotocopias, grabación u otro—, excepto por citas breves en revistas impresas, sin la autorización previa por escrito de la editorial.

A menos que se indique lo contrario, todas las citas bíblicas han sido tomadas de la Santa Biblia, Versión Reina-Valera 1960 © 1960 por Sociedades Bíblicas en América Latina, © renovado 1988 por Sociedades Bíblicas Unidas. Usada con permiso. Reina-Valera 1960® es una marca registrada de la American Bible Society y puede ser usada solamente bajo licencia.

Sitio web:
unveiledwife.com/31prayersbook

Impreso en Estados Unidos de América

17 18 19 20 21 * 9 8 7 6 5 4 3 2 1

CONTENIDO

Ver a Dios obrar - 7

Introducción - 11

Líder del hogar - 16

Su trabajo - 22

Ánimos para hoy - 26

Madurar a mi esposo - 32

Desafío - 36

Renunciar a las preocupaciones - 38

La salud de mi esposo - 42

Ejercitar el autocontrol - 46

Desafío - 50

La gracia en el matrimonio - 52

Buscar la dulzura - 56

Confianza - 60

Perdonar su pecado - 66

Desafío - 70

Librarse de la lujuria - 72

Cultivar el romance - 76

Conocer su propósito - 80

Paciencia - 84

Desafío - 88

Adquirir más sabiduría - 90

Proteger nuestro matrimonio - 94

Las necesidades de mi esposo - 98

El corazón de un siervo - 104

Utiliza a mi marido - 108

Desafío - 112

Tomar buenas decisiones - 114

Discernimiento - 118

Protección sobre él - 122

Intimidad sexual - 126

Desafío - 130

Lleno de compasión - 132

Amistades sólidas - 136

Fuerza para mi esposo - 142

Derribar murallas - 146

Adiós al orgullo - 150

Integridad - 154

Desafío - 158

Un matrimonio extraordinario - 160

¡AMÉN! - 166

Una carta de Jennifer Smith - 168

La esposa sin velo - 170

Esposa en busca de Dios - 172

Marido en busca de Dios - 174

Ver a Dios obrar
Filipenses 4.6, 7

«Por nada estéis afanosos, sino sean conocidas vuestras peticiones delante de Dios en toda oración y ruego, con acción de gracias. Y la paz de Dios, que sobrepasa todo entendimiento, guardará vuestros corazones y vuestros pensamientos en Cristo Jesús».

Lo que otras esposas están diciendo

Reseñas reales tomadas de Amazon.com

«Regalé este libro a otras seis esposas y nos hemos comprometido a orar por nuestros maridos durante treinta y un días, y a reunirnos de nuevo después. Llevo cuarenta y un años casada y tengo un marido bueno, pero todos podemos mejorar. Sé que ciertamente ese es mi caso. Recomiendo este libro».
Por Kate / Una esposa compañera

«¡Una lectura inspiradora para todas las esposas! Oren diariamente por sus maridos independientemente de que estén juntos o separados. ¡¡¡Dios puede mover montañas!!!».
Por Majib / Una esposa compañera

«He estado veinte años con mi marido y desearía haber tenido este recurso mucho antes. Pero estoy muy agradecida por este recurso ahora y lo usaré diariamente para orar por mi esposo y por nuestro matrimonio. Espero que a través de él mi corazón cambie. Este será mi regalo de bodas».
Por Sratkins / Una esposa compañera

«¡Perfecto! Te cambia la vida. Esto ha sido una bendición en mi matrimonio. Para los nuevos cristianos y para los cristianos que han estado orando y siguiendo a Cristo toda su vida, este no es un libro intimidante o pretencioso, está verdaderamente escrito en el tono más bello pero sencillo y está lleno de gracia».
Por C. Cooper / Una esposa compañera

«¡¡¡Me encanta este libro!!! Puedo identificarme con mucho de su contenido y con aquello en lo que necesito enfocarme. Este libro contiene oraciones que no he podido poner en palabras. Muchas de estas oraciones son profundas mientras que otras son sencillas y van directo al grano.Realmente me ayudó a sentirme más cerca de mi esposo y de mi Padre celestial. He visto al Señor obrar en mi esposo. Es una situación maravillosa y cuando estás en sintonía con el Espíritu puedes ver los milagros».
Por Amy J. / Una esposa compañera

Introducción

El matrimonio es una reflexión hermosa de la increíble historia de amor de Dios. Un esposo y una esposa representan la relación de alianza entre Jesucristo y Su novia, la Iglesia. ¡Somos la iglesia! Jesús busca compasivamente a cada uno de nosotros. Él tiene un deseo intenso de tener una relación íntima con nosotros, independientemente de nuestros pecados, fallas y pecados. Su amor es verdaderamente incondicional y perfecto.

Como esposa, ha habido muchos momentos en los que mi amor por mi esposo resultó ser condicional. Yo quería que él cambiara para bien, quería que fuera el hombre que yo sabía que podía ser. Sin embargo, estaba equivocada. Traté de llegar a él y cambiar su corazón al señalar sus errores y ser demasiado crítica, molesta y manipuladora. He aprendido que este tipo de conducta, independientemente de mi intención, alejó a mi marido de mí. Al darme cuenta de que mi corazón todavía deseaba lo mejor para mi marido, ¡acudí a Dios! Comencé a orar por mi esposo y por los deseos que llenaban mi corazón. Encontré algo bastante fenomenal...

¡Vi a Dios obrar en el corazón de mi esposo!

Esto era mucho más impactante que tratar de hacer que mi esposo cambiara para hacer las cosas a mi manera. Al contrario, yo veía al Señor obrando en el interior de mi esposo y por medio de él, ¡una hermosa ocurrencia que en realidad comenzó a cambiarme! Mientras mi marido se acercaba más a Dios, empecé a desear lo que él tenía. Me acerqué inevitablemente a Dios. Mis oraciones también cambiaron a medida que mi corazón se alineaba con los deseos de Dios para nuestro matrimonio. Cuando dejé de molestar a Dios o de quejarme por mi esposo, y empecé a orar por él de maneras específicas, Dios me reveló algunas cosas:

- Yo tenía problemas que debía abordar en mi corazón.
- Mi enfoque pasó de que mi esposo cambiara por mí a querer que mi esposo fuera transformado por Dios de acuerdo con su propósito.
- Descubrí una necesidad de orar diariamente por mi matrimonio.
- ¡Encontré poder en la oración! Dios me oye y obra tanto en mi marido como en mí.
- La gratitud comenzó a brotar de mi corazón más que nunca antes, lo cual cambió mi perspectiva sobre mi matrimonio.

Estos fueron hallazgos sorprendentes que alteraron radicalmente mi perspectiva sobre el matrimonio. La oración ha revolucionado mi relación con Dios y con mi esposo.

¡He experimentado tanto crecimiento en estas relaciones importantes que quise compartir el valor de la oración contigo!

La oración es una manera de comunicarse con Dios. Escribí estas treinta y una oraciones para animarte a orar por aspectos específicos de la vida de tu esposo. Te insto a que utilices estas oraciones como una guía, ¡pero también para incluir tus propios deseos y esperanzas para tu esposo y tu matrimonio! El tema de cada día tal vez no pueda aplicarse perfectamente a las circunstancias de tu esposo, pero puedes utilizarlo sin embargo para guiarte a medida que añades a cada una de las necesidades de tu esposo. Creo que estas oraciones despertarán pasión en tu corazón para confiar en Dios, apoyarte en Él, y para experimentar más en tu relación con Él y con tu marido.

A medida que entrega su corazón a Dios en la oración, lo verás obrar en el corazón de tu esposo, así como en el tuyo. Abraza los próximos treinta y un días mientras acudes en oración ante Dios, tu Padre Celestial. Puedes leer directamente del texto, puedes decir las oraciones en voz alta, puedes ponerte de rodillas, o puedes estar de pie con los brazos levantados hacia el cielo. Tú eres la hija de Dios y Él se alegrará de escucharte.

Este no es un libro mágico que tenga alguna garantía de que tu esposo cambiará o de que tú cambiarás una vez que llegues al día treinta y uno. Si no notas ningún cambio, por favor no te decepciones ni te desanimes. Sé que hay algunas mujeres que no ven la fruición de las oraciones hasta años, y a veces hasta décadas después, mientras que otras no son presencian ningún cambio en absoluto. Orar por tu esposo y por tu matrimonio requiere fe, y creer incluso antes de que realmente «veas». Es imprescindible que no consideres este libro como un medio para enmendar a tu marido o tu matrimonio, sino que, por encima de todo, ¡confíes en Dios de todo corazón desde ahora hasta el final de los tiempos!

Espero que estas oraciones se conviertan en un recordatorio diario para que ores por tu esposo y tu matrimonio. Espero que seas bendecida mientras entras en el trono del Señor y pides por una de las relaciones más importantes que te han sido concedidas.

** He incluido algunos desafíos para animarte a pensar en la importancia de la oración en tu matrimonio. Hay un total de siete desafíos para que consideres. ¡Te insto a orar por cada uno y a cumplirlo cuando y de la manera en que el Señor te guíe!

*** Una última cosa: ¡me encantaría presenciar tu peregrinaje a lo largo del camino! Si algo te inspira durante este viaje, actualiza tus medios sociales y etiquétame @unveiledwife y # UW31Prayers para que yo pueda seguirte!

Querido Padre Celestial:

Oro por la esposa que sostiene este libro y se prepara para comenzar treinta y un días extraordinarios contigo. Pido que Tu Espíritu Santo la guíe a través de cada oración y añada a ellas necesidades personales de su esposo. Úngela y aumenta su fe mientras ella deposita su confianza en Ti. Ayúdale a renunciar a sus deseos para el matrimonio y a creer que Tú estás obrando. Dale el coraje para cumplir cada desafío y háblale a ella acerca de cuándo y cómo realizar cada uno. Deseo que su esposo sea receptivo y aprecie la voluntad de ella para amarlo de esta manera. Oro para que se haga Tu voluntad en este matrimonio en el nombre de Jesús, AMÉN.

Líder del hogar
Efesios 5.23

Querido Señor:

Gracias por el regalo del matrimonio y por la hermosa manera en que lo has concebido. Valoro los roles diferentes que has trazado para mi marido y para mí. Espero que ambos sigamos adquiriendo comprensión en esos roles diferentes que nos has dado. Oro por mi esposo hoy. Pido que lo llenes con Tu paz y elimines cualquier preocupación de su corazón. Oro para que madures a mi esposo y lo moldees en el líder que lo creaste para ser. Ayúdalo a tener confianza y a ser fiel como un hombre de Dios. Oro para que unjas a mi esposo, hables directamente hoy con él, lo animes, y envíes a otros hombres a caminar junto a él como ejemplos positivos del aspecto que tiene el hecho de guiar a una familia. Oro para que mi esposo esté lleno de compasión, dulzura, amor, respeto y sabiduría. Capacítalo para guiar a nuestra familia con audacia e integridad. Oro para que él me estime y me guíe, así como Cristo guía a su novia, la Iglesia. Oro para que mi esposo entienda la responsabilidad que tiene como cabeza de nuestra familia, abrace su propósito, y busque de manera diligente cumplir con todo lo que lo has llamado como un marido. Oro para que mi marido se someta a Ti en humildad como siervo, entusiasta y dispuesto a hacer Tu voluntad. ¡Pido que Tu Espíritu Santo lo guíe mientras él me guía en el nombre de Jesús, AMÉN!

PERSONALIZA:

Utiliza este espacio para escribir una oración personalizada por tu esposo. También puedes escribir una lista de cosas por las que te gustaría seguir orando.

Es algo mutuo

Billy Graham

«La oración es una simple conversación en dos sentidos entre tú y Dios».

Su trabajo

Colosenses 3.23, 24

Querido Dios:

Gracias por las habilidades que le has dado a mi marido. Oro para que él pueda ejercitar esas habilidades con pasión en su trabajo. Ruego por una bendición sobre él ahora mismo, y pido que lo unjas hoy. Dale a mi esposo la fortaleza para trabajar con alegría y ser una bendición para quienes lo rodean. Utilízalo para beneficiar a su empresa y animar a las personas a su alrededor. Deseo que él sea apreciado por su jefe y sus compañeros. Oro para que mi esposo tenga un día extraordinario, que cuando llegue a casa esté emocionado de compartir conmigo todo lo que le sucedió. Señor, ayúdame a ser una buena oyente y a que me importe realmente lo que él ha soportado durante su día de trabajo. Si por alguna razón mi marido desea un nuevo trabajo, Te ruego que lo guíes y le proporciones un trabajo donde él pueda prosperar. Abre nuevas oportunidades para mi esposo y condúcelo al trabajo perfecto. Sin importar lo que suceda, ¡por favor ayúdanos a confiar en Ti como nuestro proveedor por excelencia y apreciar el lugar donde nos has puesto en cualquier momento dado! Oro para que mi esposo tenga el deseo de servirte y de trabajar contigo sin importar cuál sea su cargo laboral. ¡Oro para que mi marido esté dispuesto a trabajar arduamente y que lo recompenses por sus esfuerzos en el nombre de Jesús amén!

PERSONALIZA:
Utiliza este espacio para escribir una oración personalizada por tu esposo. También puedes escribir una lista de cosas por las que te gustaría seguir orando.

Ánimos para hoy
Romanos 15.13

Querido Señor:

Gracias por este hermoso día. Gracias por mi vida y por la de mi esposo. Oro para que mi marido reciba muchos ánimos hoy. Deseo que él Te sienta cerca mientras le revelas verdades preciosas acerca de quién es él y lo que le depara el futuro. Pido que Tu Espíritu Santo le revele cómo vivir de acuerdo con Tus caminos, especialmente como esposo. Envía a personas que le den a mi marido afirmaciones verbales, notas que describan su valor, y algunos elogios en presencia de sus compañeros. Oro para que él se abra a Tu Palabra y lea una y otra vez las Escrituras detallando el gran amor que sientes por él. Deja que Tu luz brille intensamente y le muestre lo mucho que Te importa cada parte de su vida. Oro para que mi esposo se sienta respetado y amado por todos los que lo rodean. Utilízame en todas y cada una de las formas que puedas para tocar profundamente su corazón con ánimos. Oro y espero que nuestro matrimonio sea también un estímulo para él. Oro para que él se sienta satisfecho en nuestra relación, pero entusiasmado por lo que nos espera. Inspira a mi marido y recuérdale su valor. ¡Deseo que mi esposo confíe en Ti, Señor! ¡Por favor llena su corazón de gozo y de paz por el poder de Tu Espíritu Santo y que él sepa que Tú eres su fuente de vida en el nombre de Jesús AMÉN!

PERSONALIZA:
Utiliza este espacio para escribir una oración personalizada por tu esposo. También puedes escribir una lista de cosas por las que te gustaría seguir orando.

Da gracias por todo
Kay Arthur

«Dios tiene el control y, por lo tanto, en todo puedo dar gracias, no debido a la situación, sino debido al que gobierna y reina sobre ella».

Madurar a mi esposo
Efesios 4.14, 15

Querido Padre Celestial:

Amo a mi marido con todo mi corazón. Por supuesto, hay momentos en los que no estamos de acuerdo o incluso peleamos, pero lo amo. Mi corazón se desborda de preocupación por él todos los días. Oro para que madures el carácter de ambos y profundices nuestra relación matrimonial. Confío en que contigo en el centro de nuestra relación, mi esposo y yo continuaremos siendo bendecidos en nuestro matrimonio, independientemente de nuestras faltas y fracasos. Por favor, ayúdanos a estar dispuestos a reconocer nuestros pecados, arrepentirnos y luchar por la rectitud. Oro para que Tu Espíritu Santo convenza al corazón de mi esposo y lo redirija a tus caminos. Oro para que mi marido dedique tiempo a buscar Tu Santa Palabra y a entregarse a Ti en la oración. Pido que su relación contigo crezca exponencialmente. A medida que se acerque a Ti, sé que él reflejará inevitablemente Tu carácter impresionante. Oro contra el enemigo y las personas engañosas que utiliza para tratar de separarnos de Ti, Señor. ¡Ata al enemigo en el nombre de Jesús y protege a mi esposo de ser zarandeado de un lado para el otro por cualquier tipo de enseñanza o tendencia que no sea de Ti! Protege su mente de creer en mentiras, fortalécelo por la verdad de Tu Palabra. Mi deseo es ver a mi marido maduro en su relación contigo, que se apoye en Tu entendimiento y no en el suyo. ¡Bendice a mi esposo mientras se esfuerza por buscarte en el nombre de Jesús AMÉN!

PERSONALIZA:
Utiliza este espacio para escribir una oración personalizada por tu esposo. También puedes escribir una lista de cosas por las que te gustaría seguir orando.

Desafío

Comienza un diario de oraciones. Escribe la fecha y tu oración en un lado, mientras que en el otro escribes la fecha y tus oraciones respondidas a medida que las recibas.

Renunciando a las preocupaciones
Salmos 55.22

Querido Señor:

Dices en Tu Palabra que no me preocupe, que no tenga miedo. Espero que mi esposo no esté abrumado por la ansiedad, oro para que no tenga miedo del futuro. Mi deseo es que pueda renunciar a su preocupación y dejarla al pie de Tu trono. Pido que lo libres de todos los pensamientos negativos que amenacen su corazón y su mente. Ruego que derrames Tu paz sobre él, y que inunde su cuerpo. Tu paz increíble y trascendente. Envuélvelo en Tus brazos amorosos y confórtalo. Si hay algo que lo apremie, cualquier cosa que genere estrés en su vida, cualquier cosa que desencadene preocupación, oro contra ella en el nombre de Jesús. Libra a mi esposo de la preocupación y solidifica su confianza para todo lo que encontremos en nuestro camino. Ayúdame a ser una consoladora para mi esposo. Oro para que él me permita animarlo y reciba mis esfuerzos amables para mejorar las cosas. Dios, oro para que mi marido confíe más en Ti cada día, para que camine en la fe y se guíe por la fe. Fortalece a mi esposo y mantén su alegría intacta, pues nuestro matrimonio sufre si no hay alegría. Ayúdanos a ambos a discutir nuestras preocupaciones y orar para que desaparezcan de modo que no reaccionemos debido al miedo y nos lastimemos accidentalmente uno a otro. ¡Por favor protege a mi esposo de estar oprimido por las preocupaciones y sostenlo por completo en el nombre de Jesús AMÉN!

> **PERSONALIZA:**
> Utiliza este espacio para escribir una oración personalizada por tu esposo. También puedes escribir una lista de cosas por las que te gustaría seguir orando.

La salud de mi esposo
3 Juan 1.2

Querido Señor:

¡Eres tan increíble! Gracias por ser un ejemplo perfecto para mi marido en su papel. Oro para que él Te busque a diario para entender y comprender su papel como mi marido. También te pido que el Espíritu Santo siga refinándolo y acercándolo a Ti. Un aspecto específico de su vida que yo quisiera encomendar a Ti hoy es la salud de mi esposo. Es fundamental que él tenga una gran salud para que pueda cuidar a su familia con alegría y longevidad. No quiero ver a mi marido sufrir con enfermedad o dolor, pero si lo hace, espero que pueda encontrar seguridad en Ti. Mi deseo es que él viva una vida feliz, libre de enfermedades o lesiones. Comprendo que la dieta y el cuidado preventivo son muy importantes en el mantenimiento de su salud, así que Te ruego que motives a mi marido a seguir un estilo de vida saludable. Ayúdalo a comer bien, a hacer ejercicio y a descansar adecuadamente. Si él es terco y se niega a tomar decisiones saludables para su cuerpo, por favor convéncele sobre este asunto y ayúdalo a cambiar. Si mi esposo está sufriendo en algún sentido, o si tiene incluso un problema que lo afecte, aunque no sea consciente de esto, por favor sánalo milagrosamente y por completo. ¡Oro para que la salud de mi marido mejore mientras cuida su cuerpo y a su familia en el nombre de Jesús AMÉN!

PERSONALIZA:
Utiliza este espacio para escribir una oración personalizada por tu esposo. También puedes escribir una lista de cosas por las que te gustaría seguir orando.

Ejercitar el autocontrol
Proverbios 25.28

Querido Padre Celestial:

Estar casado es una bendición para mi vida. Amo a mi marido con todo mi corazón. Oro para que tenga un día lleno de alegría, risa y amor. También ruego y Te pido específicamente que ayudes a mi esposo a ejercitar el autocontrol. Recuérdale que debe caminar y funcionar en el espíritu y no en la carne. Empodéralo para decirle no a su carne cuando surjan tentaciones. Te pido que le ayudes con las palabras que decide utilizar. Ruego que él comparta solo lo necesario para edificar a otros. Oro para que también ejercite el autocontrol sobre los alimentos que come. Anímalo con amabilidad a comer lo que es saludable para alimentar su cuerpo. En cualquier circunstancia que mi esposo pueda enfrentar hoy, oro que tenga la fortaleza para renunciar a las reacciones de su carne, y en lugar de ello, optar por reaccionar fielmente basado en lo que Tú le has enseñado. Te pido que entrenes de nuevo su mente y su cuerpo para que no sea un hombre impulsivo. Con cada decisión que tiene que tomar hoy, espero que él pueda ser capaz de entregarse a Ti con humildad. Oro que él sea lo suficientemente paciente para pensar en cada paso que da. A medida que mi esposo es transformado en este aspecto de su vida, ¡por favor mantén sus ojos abiertos al cambio e impacto positivo para que esté motivado a continuar siguiéndote a Ti y a Tus caminos poderosos en el nombre de Jesús AMÉN!

> **PERSONALIZA:**
> Utiliza este espacio para escribir una oración personalizada por tu esposo. También puedes escribir una lista de cosas por las que te gustaría seguir orando.

Desafío

Pídele a tu esposo que escriba una lista de peticiones específicas que tiene y que se remita a esa lista durante la semana mientras oras por él. También puedes añadir sus peticiones a tu diario de oraciones.

La gracia en el matrimonio

Hebreos 12.15

Querido Señor:

Sabes lo difícil que puede ser el matrimonio. Mi marido y yo experimentamos los vaivenes de las diferentes emociones mientras vivimos juntos en este hermoso pacto del matrimonio. Nuestra relación ha visto tiempos buenos y tiempos más difíciles, momentos alegres y momentos dolorosos. Sin embargo, todo ello nos ayuda a entender aún más Tu gran amor. Nuestro matrimonio nos muestra específicamente el poder de Tu gracia increíble. Oro para que siempre seamos lo suficientemente humildes para extender la gracia el uno al otro. Oro para que ninguna raíz de la amargura encuentre nunca un lugar en el corazón de mi marido. Porque si no hubiera gracia, nuestro matrimonio estaría lleno de problemas. Gracias Señor por Tu regalo de gracia, por Tu misericordia y perdón. Gracias Jesús por ejemplificar cómo debe ser la gracia en el matrimonio. Tu gracia ha transformado mi vida, la de mi marido y nuestro matrimonio. Deseo tener una relación íntima con mi esposo donde podamos amarnos profundamente, ser transparentes el uno con el otro, y apresurarnos a mostrarnos gracia el uno al otro. Te pido que ayudes a mi esposo a perdonarme en los aspectos en los que soy débil, y que ambos podamos reconciliarnos en tiempos de conflicto. ¡Ayúdanos a mi marido y a mí a regalarnos un amor extraordinario a través del poder de Tu asombrosa gracia en el nombre de Jesús AMÉN!

PERSONALIZA:
Utiliza este espacio para escribir una oración personalizada por tu esposo. También puedes escribir una lista de cosas por las que te gustaría seguir orando.

Buscar la dulzura
Efesios 4.2, 3

Querido Padre Celestial:

Elevo a mi esposo a Ti hoy y Te pido que le enseñes a ser más amable conmigo. Llena a mi esposo con el deseo de tratarme a mí y a los demás con compasión y consideración. Me doy cuenta de que a veces puedo ser una esposa sensible; sin embargo, independientemente de si soy sensible o no, creo que un hombre fuerte y cariñoso debe valorar el arte de la dulzura. Calma su tacto, suaviza su tono, dale brillo a sus ojos, abre las puertas de su corazón y deja que la dulzura brote de él. Anhelo ser querida y valorada, tal como mi marido lo hace conmigo. Sin embargo, quiero que él satisfaga esas necesidades mías con mayor naturalidad mientras trata de ser intencionalmente dulce conmigo. Dale humildad a su corazón y ayúdalo a ser paciente conmigo. Oro para que mi marido se apresure a hacer todos los esfuerzos que pueda para mantener la unidad del Espíritu a través del vínculo de paz en nuestro matrimonio. Espíritu Santo, por favor cultiva un deseo en el corazón de mi esposo de querer ser amable conmigo. Inspíralo para hacer cambios en su manera de actuar y que lo haga con más amor y amabilidad. También oro para ser dulce con mi esposo, especialmente en la forma en que me comunico con él. ¡Espero que la dulzura sea un fruto que fluya de ambos, afectando positivamente nuestras vidas de manera poderosa en el nombre de Jesús AMÉN!

PERSONALIZA:
Utiliza este espacio para escribir una oración personalizada por tu esposo. También puedes escribir una lista de cosas por las que te gustaría seguir orando.

Confianza
Hebreos 10.35, 36

Querido Dios:

Gracias por Tu provisión increíble. Aprecio la vida que me has dado a mí y a mi esposo. Gracias por la esperanza con la que nos has llenado. Estoy impresionada por el gran amor que sientes por mí y por mi familia. También Te agradezco por mi marido. Oro por él mientras se dedica a sus cosas el día de hoy. Aumenta su confianza. Oro que conozca Tu voluntad para su vida, que tenga la pasión para cumplir el propósito que tienes para él, y que pueda experimentar un aumento en su fe en cada uno de sus días. Ruego que, si está enfrentando una batalla, sobrellevando su trabajo, dedicando tiempo a sus amistades, atendiendo a su familia, o sacando un momento para ser bondadoso con los demás, que pueda ser motivado por la confianza que tiene en Ti. Señor, Te pido que le des coraje a mi marido para amar profusamente y compartir Tu Evangelio por la forma en que vive su vida. Alimenta la fe de mi esposo y la confianza en su corazón con Tus palabras de sabiduría y aliento. Guíalo a través de las Escrituras, imprimiendo en él versículos que contribuyan a aumentar su confianza y coraje. Oro para que luche por la justicia, sin permitir nunca que el mal lo intimide a él o a otros. Por favor ayuda a mi esposo a permanecer fuerte, a perseverar, y a hacer Tu voluntad. ¡Oro para que sea un hombre de honor, un hombre impertérrito, un hombre que solo Te tema a Ti en el nombre de Jesús AMÉN!

PERSONALIZA:
Utiliza este espacio para escribir una oración personalizada por tu esposo. También puedes escribir una lista de cosas por las que te gustaría seguir orando.

Oración para el alma
Corrie Ten Boom

«Lo que las alas son para un ave y las velas para un barco, así es la oración para el alma».

Perdonar su pecado
Mateo 6.14, 15

Querido Dios:

Elevo mi relación con mi esposo a Ti ahora mismo. Sé que él lucha con su propio pecado y sé que lo estás transformando. A veces me siento herida por su pecado. Me afecta de maneras muy profundas. Esto hace que me sea aún más difícil perdonarlo. Sin embargo, Tú me has dado gracia por mis pecados, aunque Te lastime. Gracias por el perdón y por la gracia y la misericordia. Oro para poder perdonar a mi esposo, así como Tú me has perdonado. Ayúdame a extender la gracia a él. Ayúdame a verlo como el hombre en el que está siendo transformado, como el hombre que Tú quieres que sea. Gracias, Señor, por ayudarme a superar el sufrimiento y el dolor del pecado de mi marido. Gracias por ayudarme a perdonarlo y a experimentar la verdadera salvación. Me doy cuenta de que mi pecado también hiere a mi esposo. Por favor, ayúdame a dejar de pecar contra él. Oro para que mi marido tenga compasión de mí y me perdone también. Te pido que sanes a mi esposo de cualquier herida que yo le haya causado. Suplico a Tu Santo Espíritu que le enseñe el significado profundo del perdón y el poder que tiene para reconciliarnos. Oro para que mi marido y yo seamos humildes, estemos dispuestos a disculparnos y a perdonar con frecuencia, y tengamos el deseo de restaurar cualquier fractura que causemos en nuestra relación por causa del pecado. Pido que sigas protegiendo nuestro matrimonio y nuestra intimidad en el nombre de Jesús ¡AMÉN!

PERSONALIZA:
Utiliza este espacio para escribir una oración personalizada por tu esposo. También puedes escribir una lista de cosas por las que te gustaría seguir orando.

Desafío

Pregúntale espontáneamente a tu esposo si puedes orar por él. Toma sus manos mientras oras en voz alta.

Librarse de la lujuria
1 Juan 2.16

Querido Señor:

Mi esposo fue concebido por tu creatividad sorprendente. Le fueron dados ojos que ven, una mente enfocada y un corazón que está lleno de deseo. Oro para que esos dones, sus ojos, su mente y su corazón, estén íntimamente dirigidos a mí. Por favor, elimina cualquier contaminación que pueda haber manchado alguno de estos aspectos. Poda los caminos que fueron forjados por el pecado. Te ruego que destruyas cualquier pasión por la lujuria en mi marido, cualquier cosa que le haga tropezar. Te pido que restaures sus dones para que sin importar cómo envejezco o madure me desee solo a mí, me encuentre atractiva y siga estando apasionado por nuestra relación. Por favor, protege a mi esposo de su carne y de las partes suyas que sean susceptibles a la corrupción. Hay muchas maneras en que este mundo puede pervertir la belleza o utilizar el sexo para vender. Oro contra esto. Oro contra la lujuria de la carne. Cubre a mi marido de rectitud y llénalo de autocontrol para que pueda mantenerse firme contra la tentación. Dale ojos para verme a mí y ver la belleza de nuestra relación. Ayuda a mi esposo a desaprender los hábitos que ha formado, y capacítalo de nuevo para encontrar placer en la integridad de nuestro matrimonio. ¡Oro para que nuestra intimidad sexual nos estimule a ambos y satisfaga nuestra carne de una manera sana en el nombre de Jesús AMÉN!

PERSONALIZA:
Utiliza este espacio para escribir una oración personalizada por tu esposo. También puedes escribir una lista de cosas por las que te gustaría seguir orando.

Cultivar el romance

Cantar de los Cantares 1.2

Querido Padre Celestial:

Mi marido y yo nos apresuramos a revisar nuestras listas de tareas pendientes, olvidando o descuidando fácilmente la verdad de que estamos casados, y que necesitamos cultivar el romance en nuestra relación. Te pido que inspires a mi esposo a introducir el romanticismo en nuestro matrimonio. Espero que pueda buscarme como si yo fuera su mayor prioridad, después de Ti, obviamente. Mi corazón anhela conectarse con mi marido en medio del ajetreo en nuestros días. Inspira formas creativas para que él me demuestre su amor y adoración. También oro para tener el coraje y la energía para bendecirlo y buscarlo románticamente. Señor, por favor danos el tiempo y los recursos para tener citas el resto de nuestras vidas. Oro para que siempre estemos dispuestos a mirarnos con fuego en nuestros ojos y pasión rebosando de nuestros corazones el uno para el otro. Oro para que nuestros afectos físicos nos satisfagan por completo. Oro para que mi marido nunca se sienta abrumado o estresado cuando trate de cultivar el romance, sino que encuentre cada oportunidad como un regalo precioso concedido por Ti, un regalo que debemos aprovechar diariamente. Ayuda a mi esposo a amarme profusamente y ayúdame a responder respetuosamente en cada ocasión. Señor, oro para que mi marido se las ingenie para demostrarme que soy valiosa. Ayúdalo también a entender la manera en que sus caricias me hacen saber que él está cerca y disponible para mí. ¡Incita en mi marido una motivación para hablar mi lenguaje de amor en el nombre de Jesús AMÉN!

PERSONALIZA:
Utiliza este espacio para escribir una oración personalizada por tu esposo. También puedes escribir una lista de cosas por las que te gustaría seguir orando.

Conocer su propósito
Romanos 8.28

Querido Señor:

Oro para que mi marido conozca su propósito en la vida. Revélale lo que Tú quieres que haga. Mi esposo es un hombre de muchos talentos, un hombre de habilidades, un hombre de dignidad, un hombre con capacidades y un hombre con determinación para cumplir sus propósitos. Oro para que mi esposo reciba una confianza sobrenatural, una motivación para ayudarlo a cumplir con todo lo que Tú le pidas. Oro para que sus oídos sean sensibles a Tu voz y para que tenga una relación tan íntima contigo que nunca falte a una invitación para reunirse contigo. Oro para que mi marido tenga el valor de cumplir su propósito en la vida. También oro para que satisfagas su anhelo de ser importante para otros, su deseo de ser reconocido por las cosas que hace, y su anhelo de hacer algo extraordinario. Oro para que toda su vida sea extraordinaria y que él la vea de esa manera. Espíritu Santo, por favor elimina cualquier ápice de queja de mi esposo para que no deje de cumplir su propósito. Te imploro, Señor, que protejas la vida de mi marido y que lo defiendas contra el enemigo mientras trata de amarte y de hacer Tu voluntad. ¡Aclara el llamado que tienes para mi esposo y capacítalo para que sea un siervo bueno y fiel en el nombre de Jesús AMÉN!

> **PERSONALIZA:**
> Utiliza este espacio para escribir una oración personalizada por tu esposo. También puedes escribir una lista de cosas por las que te gustaría seguir orando.

Paciencia
1 Corintios 13.4, 8

Querido Padre:

Oro por mi esposo y Te pido que llenes su corazón y cubras su mente con paciencia. Oro para que nada lo frustre ni lo estrese hoy. Pido que Tu Espíritu Santo moldee a mi esposo y lo forme para tener una gran resistencia y perseverancia. Oro para que siempre sea lento para la ira. Señor, Te pido que le ayudes a mi marido a tener autocontrol con sus emociones y en las circunstancias que enfrente. Deseo que su semblante y compostura reflejen el carácter de Cristo, la compasión, el entendimiento y la gracia. Oro para que mi esposo trate a otros con el máximo amor y respeto. Si hay un aspecto de su vida que le produzca discordia o que ponga su paciencia a prueba con frecuencia, oro para que lo ayudes a ejercitar ese fruto particular del Espíritu. Igualmente, por favor revélale a mi esposo a tener más paciencia en esos momentos de tensión, para que se sienta animado a seguir adelante con una actitud alegre. Oro especialmente para que mi marido sea paciente conmigo mientras seguimos aprendiendo a estar en el mismo equipo en nuestro matrimonio. ¡Oro para que elija ser amable y dulce conmigo, protegiendo nuestra relación por medio de su comportamiento en el nombre de Jesús AMÉN!

PERSONALIZA:
Utiliza este espacio para escribir una oración personalizada por tu esposo. También puedes escribir una lista de cosas por las que te gustaría seguir orando.

Desafío

Invita a tu esposo a orar contigo cada mañana para comenzar tu día con Dios en el centro.

Adquirir más sabiduría
Santiago 1.5

Querido Señor:

Gracias por la vida de mi esposo. Gracias por enseñarle y madurarlo a través de los años. Gracias por revelarle verdades maravillosas. Me encanta verlo crecer en el hombre que Tú lo creaste para ser. Te ruego que sigas bendiciendo a mi marido con Tu sabiduría. Darle conocimientos y compartir con él la comprensión profunda es importante, pero la sabiduría es la capacidad de aplicar esa información. Oro para que mi esposo aplique lo que sepa que debe aplicar. Ayuda a mi marido a poner en acción las mismas convicciones que has inculcado en su corazón y en su mente. Espíritu Santo, por favor sigue guiando a mi esposo, orientándolo con Tu visión divina. Dios, Te pido que le sigas dando sabiduría a mi marido con generosidad, para que sepa y haga lo correcto en cada situación. Oro para que la sabiduría que le das tenga un impacto positivo en nuestro matrimonio, construyendo mi confianza en él y aumentando nuestra intimidad en última instancia. Protege a mi esposo del enemigo, de aquel que está al acecho para despojarlo de cualquier sabiduría que Tú le das. Defiende a mi marido y ayúdalo a permanecer como un hombre de integridad, un hombre de justicia, un hombre de inteligencia, iun hombre que hace Tu voluntad y un hombre que se esfuerza por ser un gran esposo en el nombre de Jesús AMÉN!

PERSONALIZA:

Utiliza este espacio para escribir una oración personalizada por tu esposo. También puedes escribir una lista de cosas por las que te gustaría seguir orando.

Proteger nuestro matrimonio

2 Tesalonicenses 3.3

Querido Señor:

Oro humildemente hoy por mi esposo. Hay muchas veces en las que tengo el deseo de reprender o tratar de enmendar a mi esposo, pero estoy aprendiendo que no soy una sustituta de Tu Espíritu Santo. Solo Tú tienes el poder de transformar a mi marido. Así que someto mis quejas y deseos a Ti, y Te pido que transformes radicalmente a mi marido. Es un hombre bueno y lo amo más que a nadie en este mundo. Deseo lo mejor para él y para nuestro matrimonio. Te imploro que protejas nuestro matrimonio. Fortalece los aspectos de nuestra relación que sean débiles, las partes que sean vulnerables al ataque o a la tentación. Oro para que mi esposo y yo podamos construir nuestro matrimonio juntos y luchar por nuestro amor en cada uno de los días. Oro contra el mal, oro contra la lujuria de nuestra carne, oro contra todo aquello que amenace lo que tenemos. Por favor, Señor, envuélvenos en Tus brazos cariñosos y fuertes y protégenos contra las flechas ardientes del maligno. Pido que Tu Espíritu Santo nos fortalezca cada día y nos recuerde dedicarnos intencionalmente a nuestro matrimonio. ¡Eres tan leal, Señor! Estoy muy agradecida de que nos hayas ayudado a superar algunas de las circunstancias más difíciles que hemos encontrado. ¡Por favor, síguenos mostrando cómo mantener nuestros ojos enfocados en Ti en el nombre de Jesús AMÉN!

PERSONALIZA:
Utiliza este espacio para escribir una oración personalizada por tu esposo. También puedes escribir una lista de cosas por las que te gustaría seguir orando.

Las necesidades de mi esposo
Filipenses 4.19

Querido Señor:

Mis sentimientos pueden quedar heridos con facilidad si mi esposo no satisface mis necesidades. A veces puedo utilizar incluso mis oraciones como un medio para quejarme. ¡Lo siento mucho, Señor! Me disculpo por ser tan egoísta y me arrepiento de ser tan egocéntrica. Por favor, dame ojos para ver las necesidades de mi marido y de preocuparme sinceramente por satisfacerlas. Motiva mi corazón para hacer todo lo que pueda por él. Ayúdame a ser una esposa que busca complacer a su marido, que rechaza la pereza, que sirve continua y profusamente para poder brillar con resplandor el amor de Cristo. Oro por las necesidades de mi esposo ahora mismo. Te pido que satisfagas todas sus necesidades con gracia y utilizarme también para ayudar en ello. Oro para que él reciba afirmación hoy, oro para que reciba reconocimiento y respeto, oro para que nos unamos íntimamente, oro para que se sienta satisfecho, y oro para que se sienta realizado. Si él siente como si le faltara algo, Te pido que seas la fuente de su provisión y satisfacción. Ruego que lo bendigas con buena compañía, con una comida caliente, con amor y con momentos de iluminación. Sería muy increíble escuchar a mi marido mencionar lo completo que se siente, lo amado que se siente y lo querido que se siente por Ti y por mí. ¡Hoy puede ser el día en que yo lo oiga deleitarse de contentamiento en el nombre de Jesús AMÉN!

> **PERSONALIZA:**
> Utiliza este espacio para escribir una oración personalizada por tu esposo. También puedes escribir una lista de cosas por las que te gustaría seguir orando.

Hágase Tu voluntad

Elisabeth Elliot

«Las lecciones espirituales más profundas no se aprenden porque Dios nos deje hacer las cosas a nuestra manera al final, sino porque Él nos hace esperar, soportando con nosotros en amor y paciencia, hasta que seamos capaces de orar sinceramente lo que Él enseñó a sus discípulos a orar: Hágase Tu voluntad».

El corazón de un siervo
Mateo 20.25, 28

Querido Padre Celestial:

¡Gracias por enviar a Tu Hijo para salvar el mundo! No hay palabras para describir la alegría en mi corazón al saber que Cristo vino a salvarme y a salvar a mi marido. Jesucristo vivió una vida perfecta y ejemplificó cómo debemos vivir. Oro para que mi esposo y yo podamos servirnos y amarnos mutuamente, así como Él. Te pido que transformes nuestros corazones para que siempre pensemos como Jesús, sirviendo intencionalmente a otros con compasión. Sería tan increíble experimentar más intimidad en mi matrimonio, y creo que es el resultado de servirnos mutuamente. Oro para que mi marido tenga el corazón de un siervo. Espero que esté dispuesto a dar un paso adelante y ayudar a otros en necesidad. Dale valor a mi esposo para acercarse a quienes él siente que pueden necesitar una mano, incluso si no los conoce o si nunca piden ayuda. Ruego para que yo y otros recibamos la ayuda de mi esposo con agradecimiento. Inculca pasión en el corazón de mi marido para hacer un esfuerzo adicional, para amar sin condiciones, para impactar vidas de manera radical mediante la gracia y la generosidad. Oro para que a medida que mi marido sirva, yo aprenda también a tener el corazón de una sierva. Espero que nos enseñemos el uno al otro y nos recordemos todos los días bendecir a los que nos rodean. Estoy muy emocionada de hacer que mi matrimonio refleje el amor de Cristo por medio de nuestras decisiones tanto grandes como pequeñas. ¡Señor, deseo que puedas ser glorificado a través de nosotros en el nombre de Jesús AMÉN!

PERSONALIZA:
Utiliza este espacio para escribir una oración personalizada por tu esposo. También puedes escribir una lista de cosas por las que te gustaría seguir orando.

Utiliza a mi marido
Efesios 2.10

Querido Señor:

Mi esposo fue creado para hacer obras buenas. Confío en que Tú hayas preparado estas obras con antelación y que hayas conocido su propósito desde el comienzo. Estoy llena de alegría al saber que Tú has creado a mi marido para hacer cosas específicas, y oro para poder ayudarlo a cumplir esas cosas. Oro para que se haga Tu voluntad en su vida. Señor, también tengo la confianza de que Tú nos emparejaste, uniéndonos como uno para hacer cosas maravillosas. Te pido que abras nuestros ojos y grabes en nuestros corazones los deseos que tienes para nuestro matrimonio. Susurra en nuestros oídos y grítanos desde Tu trono celestial cada paso que debemos dar en cualquier dirección en la que quieras guiarnos. Espíritu Santo, guíanos mientras optamos por seguirte cada día. Te pido específicamente que inspires a mi esposo para trabajar con alegría en Ti. Utilízalo de formas poderosas para atraer a otros hacia Ti, para mostrarles Tu amor y Tu gracia, para consolar a otros en su dolor, para animarlos en Tu propósito para sus vidas. También oro para que mi esposo pueda hacer esto en nuestro matrimonio. Espero que él me ame como Jesús, que me muestre compasión, y que me apoye en mi propósito. ¡El deseo de mi corazón es que ambos, como obra tuya, cumplamos con los planes extraordinarios que has preparado para nosotros y para nuestro matrimonio en el nombre de Jesús AMÉN!

PERSONALIZA:
Utiliza este espacio para escribir una oración personalizada por tu esposo. También puedes escribir una lista de cosas por las que te gustaría seguir orando.

Desafío

Pasa tiempo orando con tu esposo justo antes de tener intimidad sexual. Ora para que Dios bendiga el tiempo que pasen juntos.

Tomar buenas decisiones
Proverbios 16.3

Querido Padre Celestial:

Trato de tomar buenas decisiones. Deseo tomar buenas decisiones. Sin embargo, a veces soy débil, resbalo, fallo, soy imprudente. Gracias por Tu gracia y perdón. Estoy eternamente agradecida. Oro para que Tu sabiduría me guíe, para que Tu Espíritu Santo me ayude a tomar buenas decisiones para mi vida, mi matrimonio y mi familia. También oro para que unjas a mi esposo para que tome también buenas decisiones, especialmente porque él guía a nuestra familia. Ya sea que esté en el trabajo, divirtiéndose con sus amigos, en la tienda de víveres, usando la Internet o viendo televisión, pasando tiempo conmigo o con la familia, haciendo una actividad, o conduciendo su auto, sin importar lo que mi esposo esté haciendo, te ruego para que opte por vivir con rectitud. Espíritu Santo, por favor muévete en su corazón, habla con él, guíalo. Ayúdalo a permanecer puro y santo. Te pido que llenes a mi esposo de sabiduría y le ayudes a aplicar Tu sabiduría a lo largo del día. Cada decisión que él toma tiene un efecto dominó en nuestro matrimonio, y deseo que él entienda el peso de la responsabilidad que tiene como líder de nuestro hogar. Permite que la alegría dirija su corazón en relación con esta responsabilidad. ¡Oro para que cuando nos enfrentemos a decisiones conjuntas, podamos alentarnos mutuamente a tomar buenas decisiones basándonos en Tus palabras y caminos en el nombre de Jesús AMÉN!

PERSONALIZA:
Utiliza este espacio para escribir una oración personalizada por tu esposo. También puedes escribir una lista de cosas por las que te gustaría seguir orando.

Discernimiento
Salmos 119.125

Querido Señor:

Creo que tener discernimiento es vital. Es el don de juzgar bien, la capacidad de saber la diferencia entre lo correcto y lo incorrecto, de entender el bien y el mal. Mi esposo se encuentra en situaciones a cada momento y cada día donde el discernimiento es necesario. Por ejemplo, en nuestro matrimonio, es importante que él pueda juzgar una circunstancia y decidir sabiamente qué hacer al respecto. También sé que el discernimiento no será una de sus fortalezas a menos que entienda Tu Palabra y tus caminos. Oro para que le concedas a mi esposo una pasión y un deseo intenso de leer Tu Palabra. Espero que él encuentre un tiempo cada día para comprometerse a orar y a leer las Escrituras. También Te pido que le des entendimiento con cada palabra tuya que lea. Permite que cada verso se arraigue profundamente en su alma y que quede escrito en su corazón. A medida que él busca y aprende Tu Palabra, entenderá mejor Tus estatutos, comprenderá lo que significa ser Tu siervo, y se percatará de su papel como esposo. Deseo que mi marido sea un hombre de honor, un hombre de justicia, ¡un hombre que busque Tu propio corazón! Gracias por mi esposo, y gracias también por buscarlo de una manera tan íntima. ¡Oro para que él retribuya Tu amor y se una a Tu invitación a vivir una vida extraordinaria llena de alegría y que sea guiado por el discernimiento en el nombre de Jesús AMÉN!

PERSONALIZA:
Utiliza este espacio para escribir una oración personalizada por tu esposo. También puedes escribir una lista de cosas por las que te gustaría seguir orando.

Protección sobre él
Romanos 12.2

Querido Señor:

Gracias por mi esposo. Gracias por escuchar mis oraciones y gracias por estar presente en nuestro matrimonio. Pido protección para el corazón y la mente de mi esposo en el día de hoy. Nuestra cultura parece aceptar el contenido sexual explícito para efectos de mercadeo y mi esposo está sujeto a esta forma de publicidad. Protégelo contra esto eliminando ese contenido de los lugares que él recorre diariamente. Desvía sus ojos hacia Tu belleza y Tu verdad. Oro contra los anuncios que aparecen en su pantalla, en su correo electrónico, o en cualquier otro lugar, ya sea en línea o en público. Dale a mi esposo la fuerza para desviar la mirada y luego inspíralo a orar en contra de los ataques del enemigo. Inspíralo también a orar por nuestra cultura, a luchar para que haya más modestia, y más pureza. Oro para que mi marido sea un guerrero para Ti, Señor, un guerrero que supere la tentación de la lujuria por medio de la oración. También oro para que mi esposo esté dotado de sabiduría de modo que su corazón y su mente no lo alejen de Tus caminos. Protégelo de pensar mal de las personas, de suponer lo peor en lugar de buscar la verdad y de inclinarse por la injusticia. Renueva a mi marido para que no esté de acuerdo con este mundo. ¡En todo lo que él haga, deseo que Te glorifique a Ti y honre nuestro matrimonio en el nombre de Jesús AMÉN!

PERSONALIZA:
Utiliza este espacio para escribir una oración personalizada por tu esposo. También puedes escribir una lista de cosas por las que te gustaría seguir orando.

Intimidad sexual
Hebreos 13.4

Querido Señor:

Oro por mi matrimonio. Oro específicamente por mi vida sexual. Te pido que me ayudes a mejorar la intimidad sexual en mi matrimonio. A veces no siento deseo. A veces nos evitamos mutuamente por pereza o por otra distracción. Estoy segura de que puedo hacer algo para que esto mejore. Con frecuencia, solo quiero que mi marido lo haga todo o haga cambios en nuestra relación, pero soy consciente de que yo también tengo responsabilidades. Quiero ser una esposa que pueda satisfacer a su marido en todos los aspectos, incluyendo la intimidad sexual. Espero que bendigas esta parte de nuestro matrimonio y que mi esposo y yo nos esforcemos para mejorar esto. Oro para que mi marido tenga un deseo insaciable por mí. Inspíralo con maneras creativas para buscarme en términos románticos. Revélale a mi esposo cómo puede satisfacer mi corazón por completo. Ayúdanos a comunicar lo que nos gusta y lo que nos gustaría mejorar o cambiar. Oro para que mi marido y yo crezcamos juntos en este campo de la intimidad a medida que nos conocemos plenamente el uno al otro. Libéranos de cualquier fortaleza que nos mantenga oprimidos. Rompe nuestras perspectivas y nuestros pensamientos de expectativas poco realistas. ¡Ayúdanos a honrar nuestra relación y a mantener puro nuestro lecho matrimonial en el nombre de Jesús AMÉN!

PERSONALIZA:

Utiliza este espacio para escribir una oración personalizada por tu esposo. También puedes escribir una lista de cosas por las que te gustaría seguir orando.

Desafío

Invita a tu esposo a orar contigo sobre la manera en que Dios quiere que ustedes bendigan juntos a una familia necesitada. Luego, en algún momento del día, hagan lo que ambos se sientan dirigidos a hacer por esa familia.

Lleno de compasión
1 Pedro 3.8

Querido Padre Celestial:

Por favor llena a mi esposo de compasión, de la compasión profunda e inspiradora que constituye el corazón de Jesús. Oro para que mi esposo se sienta muy compasivo con los demás. Ayúdalo a tener una mentalidad similar para que pueda tener gran simpatía por otras personas y sus circunstancias. Oro para que mi esposo sienta también una compasión increíble por mí. Espero que su amor por mí esté profundamente arraigado en su corazón. Dale humildad a mi marido y guíalo mientras interactúa con las personas a lo largo de su día. Susúrrale y enséñale cómo consolar, proveer, ser compasivo y brindar ayuda a los necesitados. Pero también, concédele estructura y límites para que nadie se aproveche de él o de nuestro matrimonio. Oro para que aquellos a quienes ayuda nunca vean su compasión como un deseo de establecer ningún tipo de relación que pudiera comprometer sus votos matrimoniales. Sé que mi esposo se preocupa por mí y por los demás. Admiro eso de él y oro para que su compasión siga creciendo. Inspira a mi marido y utilízalo para cumplir Tu voluntad de atraer personas para que conozcan el corazón de Jesús. ¡Espero que Tu Espíritu Santo unja a mi esposo y lo utilice para hacer cosas maravillosas y poderosas para Ti en el nombre de Jesús AMÉN!

PERSONALIZA:
Utiliza este espacio para escribir una oración personalizada por tu esposo. También puedes escribir una lista de cosas por las que te gustaría seguir orando.

Amistades sólidas
Proverbios 11.14

Querido Dios:

Cada vez es más evidente para mí que Tú valoras las relaciones. Oro para que mi esposo y yo también valoremos las relaciones. Espero que podamos cultivar una relación sólida en nuestro matrimonio, pero ayúdanos también a forjar amistades sólidas con otras parejas que puedan inspirarnos y dirigirnos hacia Ti. Oro para que mi esposo y yo podamos ser amigos increíbles con otras personas y guiarlas también. Oro para que mi marido encuentre auténticas amistades con otros hombres, con otros esposos que se esfuerzan por vivir rectamente. A medida que mi marido ve estos ejemplos en la vida real, sé que se inspirará para crecer continuamente en los papeles y responsabilidades que Tú le has dado. Coloca personas en su camino que le harán que sea responsable y se preocupe por los problemas que enfrente. Espero que esos amigos lo animen y que él sea también una bendición para ellos. Oro para que nos conectemos como pareja con otras, donde podamos hablar de asuntos matrimoniales y discutir Tu gloriosa concepción del matrimonio. Oro para que estos amigos nos reten, lloren con nosotros, se rían con nosotros y experimenten la vida con nosotros. Es mi deseo que estos amigos nos guíen y nos aconsejen en las decisiones importantes que encontremos, así como con las más pequeñas que tienen grandes consecuencias, como, por ejemplo, la manera en que nos amamos el uno al otro. Gracias por mi esposo y por la oportunidad que tenemos de ser grandes amigos el uno con el otro. ¡Mi oración es que siempre busquemos la paz y la unidad en el nombre de Jesús AMÉN!

PERSONALIZA:
Utiliza este espacio para escribir una oración personalizada por tu esposo. También puedes escribir una lista de cosas por las que te gustaría seguir orando.

Orar por eso
Lysa TerKeurst

*«Pensar, hablar y preocuparse
por algo no es lo mismo
que orar por eso».*

Fuerza para mi esposo
Isaías 41.10

Querido Dios:

Oro por mi esposo en ese instante. Oro para que lo unjas con una fuerza maravillosa. Oro para que se sienta increíble en términos físicos el día de hoy, capaz de hacer cualquier trabajo que le hayas asignado. Oro por su mente, porque lo mantengas enfocado y lo protejas de la tentación de la lujuria. Oro para que su corazón habite en Ti y para que él se sienta alegre y contento. ¡Oro para que tenga una sonrisa en su cara! Te pido que lo animes durante todo el día y que me utilices para afirmarlo. Envía a otros a que lo animen también. Señor, Te pido que mi esposo no esté consternado o abrumado por ninguna circunstancia. Por favor, sosténlo con Tu mano derecha. Deseo que él Te conozca como su Dios y que se acerque a Ti. Te ruego que lo animes si se siente indigno o subvalorado. Si se siente desanimado, Te pido que Tu Espíritu Santo le recuerde aquello en lo que crees de él. Refuerza en su corazón y en su mente lo valioso que es e infúndele energía. También Te pido que le des firmeza, especialmente como marido, para que podamos perseverar juntos. ¡Bendice a mi esposo de formas maravillosas y aumenta su fe y confianza en el nombre de Jesús AMÉN!

PERSONALIZA:
Utiliza este espacio para escribir una oración personalizada por tu esposo. También puedes escribir una lista de cosas por las que te gustaría seguir orando.

Derribar murallas
1 Corintios 15.57

Querido Dios:

Mi corazón está angustiado. Mi marido es un hombre bueno, pero se enfrenta a muchas dificultades. Esto me parte el corazón. Estoy segura de que él tiene dificultades incluso con asuntos que no conozco plenamente. Por favor, derriba las fortalezas que han atrapado a mi esposo. Oro contra las tentaciones que buscan alejarlo de Ti y de nuestro matrimonio. No me dejes olvidar o descuidar nunca el hecho de luchar por mi esposo a través de la oración. Creo que hay poder en estas oraciones y creo que me oyes cuando Te pido interceder por mi esposo. Tengo fe de que suceden cosas extraordinarias cuando la oración es una prioridad. Oro para que fortalezcas a mi marido, refuerces su fe, lo llenes de valor y sabiduría, y lo capacites para luchar contra las fortalezas que lo llamen o que se apoderen de su corazón. Declaro el poder de Jesús y la gracia transformadora que nos has concedido y oro para que mi marido no resbale o desfallezca nunca. Pero si lo hace, Te pido que lo conduzcas a la seguridad. Sé su refugio y salvación. Ayuda a mi esposo a creer realmente que es liberado en Jesús. Revela a mi marido la libertad y la victoria que ya tiene en su vida por obra de Cristo. ¡Espíritu Santo, invoco Tu nombre para interceder y salvar a mi esposo del pecado, redimirlo y restaurarlo, y volver a conectar su corazón y su mente para que viva como un poderoso guerrero para Ti y para mí en el nombre de Jesús AMÉN!

PERSONALIZA:
Utiliza este espacio para escribir una oración personalizada por tu esposo. También puedes escribir una lista de cosas por las que te gustaría seguir orando.

Adiós al orgullo
Proverbios 11.2

Querido Señor:

Cuando llega el orgullo también viene la desgracia. No quiero que mi esposo sea un hombre o un marido de la deshonra. Deseo que mi esposo sea respetado por todos, lo que le exige deponer su orgullo y dejar que la humildad guíe su vida. Pido que le enseñes la importancia de la humildad, así como el aspecto que tiene el hecho de estar motivado por la humildad en cada decisión. Creo que otros estarían inspirados para ver a mi marido como una persona segura y fiel, pero no altiva o arrogante. También sé que yo me sentiría mucho más atraída hacia él cuando el orgullo sea podado de su corazón porque anteriormente lo he visto ser así. Cuando mi corazón reconoce el carácter de Cristo en mi marido, no puedo dejar de sentirme más atraída hacia él. Oro específicamente contra el orgullo en nuestro matrimonio. Tener una postura orgullosa lleva a la autopreservación en lugar de protegernos como un solo ser. Ayúdanos a ambos a responder y a reaccionar mutuamente con amabilidad y compasión. Oro para que mi marido pueda decirle adiós al orgullo, y lo deje al pie de Tu trono. Abre sus ojos y revélale a mi esposo si hay partes de su corazón donde esté habitando el orgullo. Despójalo de la arrogancia y de la necesidad de tener la razón. ¡Llénalo con un deseo de ser un buscador de la paz y un embajador de la unidad en el nombre de Jesús AMÉN!

> **PERSONALIZA:**
> Utiliza este espacio para escribir una oración personalizada por tu esposo. También puedes escribir una lista de cosas por las que te gustaría seguir orando.

Integridad
Proverbios 10.9

Querido Dios:

Gracias por mi esposo y la forma en que él me ama. Gracias por unirnos a nosotros como un solo ser. Oro para que nos acerquemos más y experimentemos la intimidad mientras derribamos nuestros muros, permitiéndonos conocernos verdaderamente el uno al otro. Levanto mi esposo a Ti, pidiendo que sea un hombre de integridad. Oro para que su vida sea un testamento de Tu Evangelio, un faro para otros, y los guíe a Tu amor. Oro contra cualquier necesidad que tenga de mentir, de buscar excusas, de defenderse a sí mismo por acciones que no sean honorables o que justifiquen cualquier comportamiento que sea contrario a Tu palabra. Imploro a Tu Espíritu Santo que transforme radicalmente a mi esposo y lo guíe todos los días. Oro para que mi marido elija caminar por un sendero seguro, por un camino que Te agrade. Oro para que él Te tema a Ti y solo a Ti, Señor. Mientras mi marido camina en la integridad, estoy segura de que nuestra confianza se verá consolidada y que nuestra relación se fortalecerá más. Enséñale a mi esposo lo que es verdadero, correcto, digno y puro. Revélale el significado de la honestidad en el matrimonio. Convence su corazón en este asunto para que desee luchar por la justicia. ¡También Te pido que cubras a mi esposo y lo protejas de cualquier influencia que pueda tentarlo en cualquier dirección que lo aleje de Ti. Resguarda la mente y el corazón de mi esposo para que su integridad permanezca intacta en el nombre de Jesús AMÉN!

PERSONALIZA:
Utiliza este espacio para escribir una oración personalizada por tu esposo. También puedes escribir una lista de cosas por las que te gustaría seguir orando.

Desafío

Pregúntale a tu esposo si puedes orar específicamente por él. Pon tus manos sobre él cuando te sientas cómoda, y comienza a pedirle al Espíritu Santo que te guíe. Luego, saca un momento, sin interrupciones, para orar por tu esposo.

Un matrimonio extraordinario
MARCOS 10.6-9

Querido Padre Celestial:

Gracias por mi matrimonio. Soy muy bendecida de tener a mi marido, a mi amante, a mi amigo. A pesar del conflicto que enfrentemos, de las pruebas y desafíos, mi matrimonio es un regalo de Ti, un regalo que abrazo todos los días. Pido protección sobre mi matrimonio. Te pido que nos protejas de nuestros caminos egoístas. Madúranos y refínanos para que podamos ayudarnos mutuamente a través de esta vida. También oro por protección contra las artimañas del enemigo, que busca destruir lo que Tú has creado. ¡Te pido que ates al enemigo en el nombre de Jesús! Espíritu Santo, cúbrenos y unge nuestro matrimonio. Derriba cualquier fortaleza en nuestras vidas y parte nuestro corazón por aquello que parta el Tuyo. ¡Permite que la compasión gobierne en nuestros corazones! Dios, Te pido que mi esposo y yo experimentemos un matrimonio extraordinario. Ruego para que nuestra intimidad prospere, nuestra comunicación sea clara, nuestro compañerismo sea una prioridad y nuestra relación sea un reflejo de Tu increíble historia de amor. A medida que estamos unidos y juntos como una sola carne, espero que nuestros corazones anhelen mantener la santidad de nuestros votos como un motivador en cada una de nuestras respuestas del uno al otro. Te ruego que obres en el corazón de mi esposo y me ayudes a ver cómo estás obrando en nuestro matrimonio. ¡Me someto a Ti, Señor! También someto mi matrimonio a Ti. ¡Oro para que Tu voluntad sea hecha en nosotros y a través de nosotros en el nombre de Jesús AMÉN!

> **PERSONALIZA:**
> Utiliza este espacio para escribir una oración personalizada por tu esposo. También puedes escribir una lista de cosas por las que te gustaría seguir orando.

Fortifica contra el enemigo
Priscilla Shirer

«Oramos debido a que nuestras propias soluciones no funcionan y porque la oración nos despliega, nos activa y nos fortifica contra los ataques del enemigo. Oramos porque somos serios acerca de recuperar el terreno que él ha tratado de arrebatarnos».

an

én

Una carta de Jennifer Smith

Querida amiga:

Te felicito por orar diligentemente a lo largo de este libro. Por poner las necesidades de tu marido por encima de las tuyas y pedir por él ante Dios. No dejes que esta sea la última vez que tomas este libro y utilizas sus oraciones para guiarte. Este es tu recurso, y espero que lo mantengas cerca de tu corazón. Espero que reconozcas también esto como solo un recurso para ayudarte a acercarte más a Dios, ¡pero espero que entiendas plenamente que no existe una mayor cercanía a Dios que la lectura de Su Palabra! ¡Te insto a pasar tiempo intencional leyendo la Biblia diariamente y a seguir orando y comunicándote con Dios!

¡Me encantaría saber todo lo que experimentaste a lo largo de este viaje! Siempre puedes hacer una entrada en los medios sociales, etiquetarme @unveiledwife, y compartir para que la pueda leer y otras esposas puedan ser alentadas! ¡Asegúrate de agregar también #UW31Prayers para que todas podamos seguir las conversaciones a medida que otras esposas alrededor del mundo participan en la oración por sus maridos!

¡Nunca dejes de orar por tu esposo y por tu matrimonio! Ve delante de Dios y comparte con Él tu corazón y todo lo que sientes a diario. Ora en la fe por la reconciliación y transformación para ti y para tu esposo. ¡Persevera, amiga mía!

Adquiere una copia de mi nuevo libro *La esposa sin velo*, en el que hablo sobre la manera en que Dios sostuvo mi corazón durante el momento más difícil de mi matrimonio.

UnveiledWifeBook.com

THE
Unveiled
Wife
Embracing intimacy with God and your husband
JENNIFER SMITH

Si este libro de oraciones te ha bendecido, por favor considera adquirir una copia de mi devocionario de 30 días y apoyar a la comunidad de la Esposa sin velo.

WifeAfterGod.Com

Wife after God

Drawing Closer to God & Your Husband

A 30-Day Marriage Devotional by
Unveiled Wife

JENNIFER SMITH
- Second Edition -

¿SABÍAS QUE MI ESPOSO ESCRIBIÓ UN DEVOCIONARIO PARA TU ESPOSO?

ADQUIÉRELO HOY EN HUSBANDAFTERGOD.COM

HUSBAND AFTER GOD

Drawing Closer To God & Your Wife

Aaron & Jennifer Smith

A HUSBAND REVOLUTION RESOURCE

Ordene mi libro hoy
UnveiledWifeBook.com

Adquiera los devocionarios de la Esposa sin Velo:
WifeAfterGod.com

Para más recursos sobre el matrimonio, por favor visite:
unveiledwife.com/marriage-resources/

Reciba una oración diaria por su matrimonio por correo electrónico:
unveiledwife.com/daily-prayer/

Conéctese:
Facebook.com/unveiledwife
Pinterest.com/unveiledwife
Youtube.com/unveiledwife
Instagram.com/unveiledwife
Twitter.com/unveiledwife

Made in the USA
Coppell, TX
26 January 2023